las apañadas

Elena Pastor Monedero

en el mar
editorial

Primera edición: noviembre, 2024

Primera reimpresión: marzo, 2025

© Texto: Elena Pastor Monedero

© Diseño cubiertas: Celia López Bacete

© Ilustración cubiertas: Sewing Lessons in the Garden_Eugène Béringuier

Maquetación y diseño interior: Lara Losada

ISBN-13: 978-84-10204-06-5

Depósito legal: D.L. TO 292-2024

Impreso en Madrid, España.

a las mujeres de mi vida:

a sus manos, a sus cuerpos, a su sostén y a su ternura

apañada

Del part. de *apañar*.

1. adj. Hábil, mañosa para hacer algo.

Sinónimos: hábil, mañosa, diestra, habilidosa, manitas.

Antónimos: inepta, torpe, manazas.

2. adj. coloq. Adecuada, a propósito para el uso a que se destina.

3. adj. coloq. Esp. Dicho de una persona: agradable por su aspecto.

hoy alguien me ha dicho:

las mujeres estamos todo el rato haciendo apaños para sobrevivir

y han pasado por delante de mis ojos

todos los apaños

que he visto hacer

a las mujeres de mi vida

de los apaños del amor

apañar

De *paño*.

8.   tr. coloq. Abrigar, arropar.

apaño uno

cuando era pequeña

había un niño en el colegio

que me levantaba el vestido

para verme las bragas

a mí me crecía entonces

un fueguito en la garganta

pero miraba a mi alrededor

y todos reían

en torno a mi cuerpo de niña

y a mis braguitas blancas

así que empecé a forzar la risa

y a tragarme el fueguito

para ser niña-que-juega

y no niña-que-es-perseguida

el fueguito

me llenaba de heridas por dentro

y el niño seguía alzando mis faldas,

yo miraba mis bragas y me decía:

ahora no te eches a llorar

y obligaba a mi mandíbula a reír alto

a veces en casa pensaba:

¿y si dejo salir al fueguito?

¿y si le corto los lacitos a las bragas?

pero me entraba el miedo,

como si al cortar los lazos

fuera a atentar contra mi propia identidad:

la de niña

yo aprendí a reírme

porque entendí pronto

que los niños juegan

a consumir nuestros cuerpos

y que ser niña pasa por asumir la violencia

sin perder la sonrisa

(y por adornar nuestra entrepierna

con lazos y florecitas)

los que se pelean se desean

me dijo la maestra

la única vez que el fueguito

asomó por mi boca

aprendí entonces que el deseo de las niñas

no importa

y que hemos de reírnos

cuando los niños estiren los lacitos de nuestras bragas

y tragarnos los fueguitos

aunque nos desnuden en el patio del colegio

porque, simplemente, nos están queriendo

y es de buenas niñas dejarse querer

apaño dos

Milagros nunca tuvo claro

si deseaba convertir su cuerpo

en cáscara de huevo

en nido, en cuna, en casa

hasta que conoció a Pedro

Pedro soñaba con un niñito

de manos dulces

que tuviera su cara

y llevara su apellido

y Pedrito

—porque así se llamaría—

comenzó a poblar también

los sueños de Milagros,

que ahora se mira al espejo

e imagina su barriga

nacarada como los huevos del desayuno

pero la barriga de Milagros

está seca,

hueca, yerma, vacía,

y buscando a Pedrito

Milagros se pincha el vientre

a ver si sus ovarios despiertan

y comprenden que Pedro desea ser padre

cinco veces acude Milagros

a la clínica en la que le prometen

que una mañana

sentirá crecer los barrotes

de la primera cuna de Pedrito

en los huesos de sus caderas

cinco veces consuela

Milagros a Pedro

cuando la sangre se desliza tibia

entre sus muslos

constatando que los moratones de su tripa

no son síntoma de vida nueva

aunque hayan venido acompañados

de náuseas, dolor de pecho y cambios de humor

cinco veces ara con paciencia

Milagros la tierra de su vientre

y a la sexta dice *basta*

porque recuerda que,

antes de Pedro,

nunca se imaginó

adornando las paredes de su barriga

para convertirla en habitación infantil

cinco días tarda Pedro

en abandonar la casa compartida

y la barriga de Milagros está vacía

y no es de nácar como los huevos del desayuno,

sino violácea como fruto

de intentar sembrar una *Piedra* que,

haciendo honor a su nombre,

fue inerte e incapaz de entender

que el cuerpo de Milagros

no necesitaba fecundación

—ni milagro alguno—

para estar vivo

apaño tres

Begoña tiene amigas, trabajo y vida

a la orilla del mar

a Begoña le corre agua salada por las venas

y le amanecen los ojos

y las pestañas llenitos de salitre

Begoña tiene una hija

que se le parece tanto

que ha heredado

el sabor salado

de la piel de su madre

y la brisa húmeda entre los rizos

pero a Begoña le sube la culpa

a borbotones por las caderas

de saber que quizás su novio

no pertenece al lado del mar

así que sacude la arena de sus pies

los saca fuera de la playa

y los entierra en el asfalto

de una ciudad seca e inhóspita

arrastrando también consigo los pies

de la niña de rizos con olor a sal

que no entiende por qué

se alejan del mar

con el paso de los meses

a Begoña y a su niña marina

se les cuartea la piel

se les seca la cintura

y se les desborda por los ojos

el cachito de mar

que se llevaron de su tierra

guardadito en el pecho

y Begoña intuye

que el amor que la trajo

al centro de la meseta

quizás no es tan grande

como para borrar de sus pies

—que, bajo asfalto,

siguen buscando agua salada—

el amor al mar

y a su tierra de luz plateada,

pero una vez lejos

volver no es sencillo

porque, como toda mujer,

Begoña fue socializada

para hacer del romance

el centro de su existencia

y su hija sureña observa

cómo la promesa de un amor

le ha arrancado a su madre

la tierra de los costados

y las mareas de las manos

y se promete a sí misma

que ella regresará

allá donde Begoña dejó

la arena desnuda de sus pies

y que nunca entenderá el amor

como una renuncia

a la cuna que la vio nacer

y a esa tierra donde el sol

le calienta tanto el corazón

apaño cuatro

a Laura cuando canta

le crecen flores en la garganta

y el resto tenemos suerte

de ver el aire sembrarse de colores

con los frutos de su voz

hubo un tiempo en el cual

la faringe de Laura

quedó hueca, seca, marchita

inundada de vergüenza

una vergüenza turbia

que fue impidiendo

que de su boca brotaran enredaderas

que su lengua bordara el aire de flores

una vergüenza densa

alimentada por quien prometía quererla:

canta más bajito

(que tu voz ocupa espacio)

canta más flojito

(que tu voz me hace sentir chiquito)

canta menos o mejor no cantes

(que no vean que tu voz es más fuerte

que las cuerdas con las que te sujeto)

y Laura muda, Laura pequeña

Laura sin voz ni flores

Laura ahogada en vergüenza

y con la garganta triste

porque ya no canta

ya no siembra, ya no florece

Laura dispuesta a renunciar a su voz

para ser querida, para recibir de otro

las flores que ella misma

podría hacer nacer

una semilla en el pecho

acabará por encontrar

el camino hasta los labios

pero pasará mucho tiempo

–frío, yermo, baldío–

hasta que Laura destierre

a quien podó su voz

–y con ella su alegría–

asociando amor y silencio

amor y garganta muerta

amor y flores secas

ahora Laura canta

y yo solo quiero regarle la garganta

para que nunca más

se le llene la boca

de silencio

en nombre del amor

apaño cinco

a Ana por las tardes

se le caen las paredes de su casa encima

y le trepa silenciosa

la tristeza por el esternón

Ana no sale de casa por las tardes

porque es cuando él trabaja

y debe quedarse sentadita en el salón

para que él no se angustie

imaginando los peligros

que la calle guarda para Ana

es por tu bien, mi amor

tengo miedo, cariño

no quiero que te pase nada, mi vida

y nada pasa

cuando una no se mueve

cuando apenas respira

cuando espera a la hora de la cena

para volver a estar medio viva

Ana echa de menos

las manos redondas de Isa

la risa aguda de Lucía

la mirada cómplice de Sara

Ana echa de menos vivir sin miedo

—ese miedo que alimenta cada día

el hombre que dice quererla

y que ella lleva clavadito en el pecho—

Ana renuncia a sus amigas

—a la cerveza al sol,

a las camas compartidas

y llenas de risa, a la escucha,

al sostén y la ternura,

a las conversaciones llenas de ramitas

y cargadas de frutos,

al baile, al desenfreno, a la alegría—

porque por fin ha encontrado

el amor con el que en su casa

le enseñaron a soñar

y este amor se siente

como estar envuelta

en un algodón tan espeso

que se le pone la tráquea blanca y seca

que se le nubla la vista

que se le cierran el pecho, la nariz, la pelvis

pero acaso el amor

¿no lo inunda todo, todo lo llena

todo lo ocupa, todo lo es?

Ana tiene la tristeza

sembradita en el centro del cuerpo,

pero como muchas otras

ha aprendido a ignorar

los gritos de auxilio

que le suben por la garganta

y a llamar amor

al algodón en el pecho

y al picor de las cuerdas en las muñecas

apaño seis

recuerdo perfectamente la cara empapada

de la que fue mi mejor amiga

en el momento justo en el que entendió

que la negativa nunca era una opción viable

cuando un chico le expresaba su deseo:

deseo de besarla, de ser su novio,

de quererla, de compartir tiempo,

de salir a cenar, de regalarle un vestido

—deseo de convertirla en objeto de su amor—

educada en la complacencia más absoluta

y advertida de los peligros de negar deseos ajenos

mi amiga se descubría incapaz

de decir que no por miedo a herir

a quien —tan amablemente—

la halagaba con su deseo

con su ofrecimiento de amor

no sé por qué lo he besado, si es que no me gusta

y yo veía su determinación

de no volver a besar sin deseo

truncarse ante la siguiente propuesta,

veía cómo se tragaba el *no*

con una sonrisa cargadita de miedo

ante la realización

de que no era dueña de su propio cuerpo

mi amiga fue la primera

pero no la única mujer

a la que he visto aceptar

un beso, una cita, una relación

solo porque se le ofrecía amablemente,

con los ojitos brillantes de deseo,

un deseo tan sedoso

que le impedía cerrar los ojos

e identificar si verdaderamente

a ella se le estaba llenando el pecho

de ilusión, de agua en movimiento, de ganas

mi amiga tenía la necesidad de ser querida

y la obligación de ser buena, dulce y educada

tan arraigadas, tan bien entretejidas,

que se sentían una misma cosa

y anulaban su capacidad de elección

haciendo nacer entre sus labios

puros síes, puras flores de agradecimiento,

convirtiéndose así en mujer-espejo

que refleja el amor ajeno y lo cree propio

ojalá mi yo adolescente

hubiera podido decirle lo que ahora sé:

ser tratadas con amabilidad

es requisito indispensable

para que nos crezcan el amor y el deseo

en el centro del cuerpo,

pero no por ello estamos obligadas

a corresponder la amabilidad

con amor ni con deseo

amiga, tenemos agencia

sobre nuestra capacidad de amar

nuestras manos pueden amasar el deseo

es lícito el rechazo del amor ajeno

la ruptura del espejo que llevamos en el pecho

amiga, tenemos todo el tiempo del mundo

para sentarnos entre la hierba

a observar nuestros cuerpos,

dejar que nos brote el amor

y elegir qué queremos hacer con él

de los apaños del sexo

apañar

De *paño*.

9.   tr. Arg., Bol., Hond., Nic., Perú y Ur. Encubrir, ocultar o proteger a alguien.

apaño siete

a veces me pregunto:

¿estarían las bragas de mis amigas

mojadas también?

cuando era pequeña

tenía pesadillas

con bragas blancas

cuyo color se desvanecía

para ser sustituido

por un tono levemente amarillento

—como el del sol apagado—

cuando era pequeña

tenía miedo de bajarme

los leotardos

y encontrar una yema de huevo

en el centro de mis bragas

cuando era pequeña

doblaba cuidadosamente

mis bragas

antes de enterrarlas

—como quien entierra un muerto—

en la ropa sucia

cuando era pequeña

me ponía braguitas de colores

y rezaba porque la lavadora

las devolviera a su color original

cuando era pequeña

caminaba apretando la vulva

a ver si así

no nacía la impureza

en la calidez de mis braguitas,

pero inevitablemente

brotaba de mi entrepierna

un líquido corrosivo

que me alejaba

de la infancia,

o eso me decían:

pero, ¿se puede saber qué haces con las bragas?

esto no es normal para una niña de tu edad

durante años seguí apretando la vulva

—infructuosamente—

y clavándome palabras crueles

en la vagina y en el cerebro

por no ser capaz

de detener el torrente transparente

que me inundaba diariamente

las bragas y que,

encima,

me daba placer

y me llevaba a hundir

los dedos

entre mis muslos

como quien

rebaña un yogur bien cremoso

cuando era adolescente

me temblaban las manos

de pensar que alguien

pudiera descubrir

mis bragas empapadas

mis bragas *anormalmente* empapadas

mis bragas *adultamente* empapadas

mis bragas *suciamente* empapadas

y pensaba:

será que no aprieto lo suficiente

y apretaba más

ahora que soy adulta

sé que no era falta de fuerza

era falta de palabra

falta de cuerpos que conversen entre sí

y que tejan una realidad

en la que las braguitas

cambian de color

y se mojan

y huelen a placer

sin el aroma de la culpa

rondando las vulvas

con sus uñas afiladas

ahora que soy adulta

os pregunto

—con la vulva tranquila—:

¿estaban vuestras bragas

mojadas también?

apaño ocho

exponer mi cuerpo

a la oscuridad de la noche

supone renunciar al descanso de mis ojos

que aletean en mi rostro

para anticiparse a cualquier peligro:

una sombra, un reflejo, un portal vacío

un ruido, un matorral, un animal

un cuerpo de hombre, en definitiva

yo por las noches no paseo,

vigilo,

porque llevo sobre los hombros

el miedo heredado de todas las que

como yo

se saben presa en potencia

pedazo de carne

fruto devorable

cuerpo a ocupar

por las noches

me crecen llaves

entre los nudillos

restrinjo las calles permitidas

me asomo a las fauces de los portales

vuelvo la vista

busco escondites

vigilo las esquinas, los coches, los contenedores de basura

las sombras de los árboles

Daniela pregunta:

¿cuántas veces al día pensáis

que vais a morir a manos de un hombre?

la oscuridad

vuelve perenne el pensamiento,

respondo

mis amigas me piden

una prueba de vida

una vez mi cuerpo haya atravesado

y cerrado tras de sí una puerta segura

respiro y escribo: *ya en casa*

y respiran ellas desde sus camas

y dormimos todas

con la boca agria

por haber vencido a la estadística

un día más,

una noche más

me pregunto:

¿acaso no es responsabilidad

del Estado

que yo respire,

que lo hagan mis amigas en sus camas?

apaño nueve

las personas que tenemos

una vagina entre las piernas

asumimos como irremediable

el dolor en la primera relación sexual

en nuestro imaginario colectivo

el dolor espera acostado

en el umbral de la puerta

de nuestra vida sexual

como un animalillo oscuro

dispuesto a clavarnos las uñas

en la entrepierna

una vez nuestros pies

osen atravesarla

asumimos también

–por incitación popular–

la penetración como premisa ineludible

para nombrarnos seres sexuales

para ser legitimadas como cuerpos

que practican sexo *de verdad*

en esta narrativa

el placer, la intimidad, el deseo o la ternura

se quedan mudos y abandonan nuestras carnes:

no hay cabida para el disfrute

bajo la amenaza del dolor

que a todas nos persigue

con las uñitas afiladas

y la mandíbula entreabierta

mientras nosotras reunimos

el suficiente valor como para

voluntariamente atravesar

el dolor anticipado

fruto de escuchar los relatos de otras,

ellos —en el mejor

o menos violento de los casos—

esperan pacientemente

a hacer suyo el placer

de compartir espacio

con un cuerpo ajeno

la diferencia es abismal

y, desgraciadamente,

también lo es nuestra capacidad

para asumir el dolor

—en la vulva en la vagina en el pecho en los ojitos—

como parte innegociable

de la existencia

como mujeres y disidencias

apaño diez

hay pocos espejos en los que mirarse

cuando el deseo femenino brota en los márgenes

hay una narrativa hegemónica

que señaliza el camino que hemos de seguir

borrando de nuestro imaginario

sendas alternativas

hay poco espacio para la escucha de nuestros cuerpos

para el descubrimiento de nuestro deseo

para la materialización del mismo

cuando este no encarna el ideal heterosexual

hay muchas mujeres

que meten sus cuerpos

en camas habitadas por cuerpos de hombres

y lo hacen desde el convencimiento

de que la repetición hará brotar el deseo

en el centro de sus barrigas

hay todo un sistema

que empuja a las niñas

a forzar sus cuerpos

para encajar en un camino

donde no a todas (o no siempre)

nos florece el deseo

hay mucha violencia

en la asunción de heterosexualidad

sobre la que se fundamenta el mundo

hay mucha violencia

en someter a nuestros cuerpos

a prácticas sexuales no deseadas

pero grabadas a fuego en nuestras cabezas

como premisas ineludibles de la experiencia sexual

hay mucha necesidad

de escribir sobre el deseo entre nosotras

sobre los encuentros de nuestros cuerpos

sobre el placer de elegir llenar nuestras camas

de cuerpos de mujeres

o de cuerpos alejados del binarismo

hay un vacío enorme

en el que muchas en su día

buscamos la manera de sobrevivir

cuando todavía el deseo nos crecía tímido

y no teníamos claro hacia donde nos dirigía

hay una necesidad constante

de hacer nuestro deseo visible

para que ninguna más opte

por tratar de encajarse a golpes

la heterosexualidad en la pelvis

ofreciendo su cuerpo

a un deseo masculino y unilateral

y renunciando al descubrimiento

del placer de compartir cama

y de dejar que el deseo sáfico

desborde las sábanas

apaño once

mis amigas se siembran

gemidos en la boca

estiran sus cuerpos

cierran los ojos

abren los labios

mis amigas performan el placer

para que los hombres con quienes comparten lecho

no descubran su incapacidad

para procurar disfrute

mis amigas preservan

el frágil ego de aquellos

que edifican su masculinidad

sobre los cimientos de su virilidad

mis amigas renuncian al placer

para proteger a los hombres

de la incomodidad

de saberse obstáculos

en el camino hacia el gozo

algunas de mis amigas

se asumen incapaces

de que el placer se deshaga

—meloso— en sus bocas

y, sin embargo, no está el fallo

en sus labios, en sus lenguas, en sus gargantas,

sino en la sobreprotección

de los hombres

cuyos pechos envolvemos

en blanquísimo algodón

desde la más tierna infancia

no vayan a partirse en dos mitades

los pequeños hombrecitos

de ver reflejado en nuestros cuerpos mudos

su capacidad inexistente de escucha

apañadas todas las mujeres

que ahorran a sus compañeros

unos minutos de fragilidad

entregando a cambio abnegadamente

la posibilidad de sentir

cada esquina de sus cuerpos

cada centímetro de sus pieles

sucumbir al estallido del placer

apaño doce

una chica joven se pone de rodillas

delante de su novio

y abre la boca

y se traga algo que no quiere tragarse

y lo chupa y lo lame

y se aguanta las ganas de vomitar

que le arañan el esófago

y las ganas de morder

—rabiosamente—

el pedazo de carne

que le llena la boca

porque, a veces,

es más fácil callar y tragar

que decir que no

que no quieres y que nunca vas a querer

porque entonces

quién te quiere a ti

si solo eres un cuerpo

que ni siquiera aporta placer

apaño doce bis

hay otra joven

que levanta la cabeza y dice:

no quiero

y no traga, chupa o lame

aquello que no desea

si tú no me la chupas, yo no me pongo condón

quiero al menos disfrutar de metértela

ella paga el precio

porque lo considera justo

—o quizás innegociable—

y corre a la farmacia todos los meses

solventando a base de hormonas

el abuso cotidiano de su novio

a veces, ni siquiera decir que no

garantiza la protección de nuestros cuerpos

pero al menos *parece*

que recibes amor

que eres digna de recibirlo

porque sí:

tienes un cuerpo y aportas placer

y a ellos se les desborda el placer

por las comisuras

de la boca y de la ropa interior

y a ti te llena entera

borrando aparentemente

cualquier rastro de violencia

y es que el placer de ellos

siempre fue más importante

que nuestro deseo

o que el maltrato de nuestros cuerpos

cuerpos sometidos y atravesados

por la dictadura del placer masculino

bajo la apariencia romantizada

de una libertad escurridiza:

eso somos

apaño trece

las mujeres cuando introducimos

nuestros cuerpos entre las sábanas

dispuestas a compartir cama

cuerpo sexo sudor goce

nunca entramos solas al lecho

pues cargamos sobre la nuca

el imaginario colectivo

de lo que se espera de nosotras

en el encuentro que comienza

accionamos nuestros cuerpos

tratando de encajarlos

—como niñas jugando con recortables—

en las imágenes que llevamos

clavaditas en las pupilas

y hermanadas con nuestra valía

por eso a veces metemos tripa

y mantenemos el equilibrio

en posturas imposibles

y nos recolocamos el pelo

para no perder ni un ápice de sensualidad

y vigilamos que no se nos aplasten

los muslos contra el colchón

y procuramos que el ángulo

entre cintura y cadera

sea siempre el adecuado

hemos asumido que nuestro derecho al placer

está condicionado por la capacidad

de nuestros cuerpos de encajar

en los moldes imperantes de belleza

y en la persecución de ese cuerpo

—de esa bella y estática

naturaleza muerta—

se nos escurre el placer

dejándonos los dedos secos

y los cuerpos llenos de llagas

esta búsqueda de belleza,

que termina por desplazar al disfrute

por hacérnoslo inalcanzable,

no es sino la subordinación

de nuestro placer al de ellos

que se excitan ante la imagen

de nuestros cuerpos obedientes

de nuestros cuerpos domesticados

las mujeres

cuando compartimos cama

nunca estamos solas

porque siempre nos acompaña

un hombre que adoctrina

nuestros movimientos

desde el centro de nuestras cabezas

mujeres,

compartamos cama

con quienes nos ayuden

a desterrar a ese hombre

y a sus imposiciones estéticas

de nuestros cuerpos y nuestros placeres

apaño catorce

a Julia le han metido las manos enteras

en la vagina sin avisar

pero a cambio ahora tiene a su bebé

sobre el pecho

(un bebé y un cuerpo invadido

un bebé y una herida que la atraviesa

un bebé y la culpa

un bebé y unos dedos trepándole por la pelvis

un bebé y un *sonríe que ha ido todo bien*

un bebé y un relato invalidado)

Julia ha intentado colocar

las palabras que se le amontonan

en el fondo de la garganta

pero igual es que no quiere

lo suficiente a su bebé

si le preocupan más unas manos ajenas

en su vagina

que el cuerpecito caliente

y vivo

que ahora se alimenta

colgado de su pecho

las palabras de Julia se enquistan

en su faringe

con cada succión de su bebé,

con cada gota de leche que brota

de sus pezones,

si la leche nace tibia y limpia,

¿quién es ella para enturbiarla?

Julia se prende una sonrisa en el rostro

y sigue amamantando a su criatura:

cada gota de leche

tendrá que borrar

el rastro de esas manos

que se introdujeron en su cuerpo

—en su casa—

y cuyo destrozo

nadie va a venir a reparar

porque como muchas otras violencias

lo que pasa de puertas adentro

—de vaginas adentro—

dentro se queda

Julia sonríe

y su sonrisa

es de sangre y leche

apaño quince

dos cuerpos superpuestos:

él encima de ella

él dentro de ella

dos cuerpos superpuestos, que no abrazados

como todos los sábados a las diez y media de la noche

desde hace veinticinco años

el sexto día de la semana

trae consigo la invasión

del cuerpo de Dolores

al menos ya solo es los sábados y una puede prepararse

porque antes era a cualquier hora

y casi en cualquier lugar

al menos ahora es rápido

y tras cinco minutos

Dolores sale del lecho compartido

y se lava la vulva en el baño

con movimientos automatizados:

solo quiere sentirse limpia antes de dormir

Dolores los domingos

va al mercado

y esta semana se sorprende

al ver a una joven degustar

la boca de su novio como quien se come una fresa

Dolores nunca ha besado otra boca

que no sea la de su marido:

el deseo nunca ha florecido

en el cuerpo de Dolores,

que solo entiende el sexo

como una tarea equiparable

a fregar los platos:

necesaria para mantener

el orden establecido del hogar

al menos me quedan seis días tranquilitos

hasta el próximo sábado

y Dolores decide que esta semana

comprará fresas

dos cuerpos superpuestos

él violándola a ella

dos cuerpos superpuestos, que no abrazados

uno que viola

otro que es violado

de los apaños del cuerpo

apañar

De *paño*.

1. tr. Acicalar, ataviar, asear.

apaño dieciséis

la madre de mi amiga

se come las manzanas enteras:

hasta el corazón se traga

—no deja apenas un rabito—

cuando era pequeña

en sus manitas solo había manzanas

a la hora del recreo

porque en su casa pensaban

que su cuerpo ocupaba demasiado espacio

como para alimentarlo con algo

que no fueran manzanas

ahora que es adulta

sigue comiéndose las manzanas enteras

—corazón y semillas incluidos—

es el recuerdo del hambre

que habitó su cuerpo

en pro de la belleza:

la misma hambre

que nos ha llenado la barriga

a muchas de nosotras

incapaces de comer

por miedo a no ser delgadas

apaño diecisiete

hay un cuarto oscuro

que huele a azafrán

a pinos, a humedad y a chocolate:

una despensa

hay una niña que come a oscuras

una mano entra en la boca

mientras la otra sostiene

su corazón asustado

hay un hueco en el pecho de la niña

dispuesto a llenarse de culpa

según ella traga

los secretos que su abuela guarda

en ese cuartito pegado a la cocina

hay una niña que come

en casas ajenas

porque en la propia

no puede llenarse

la boca de dulzura

hay una niña

con la barriga llena

de chocolate

y los ojos de miedo

hay una niña que come

metida en un armario

y esta niña ahora habla

con otras niñas

que también comieron

dentro de los armarios

para no ser vistas

y se reconocen las unas a las otras

porque todas aprendieron

que el placer y el alimento

no conviven

—a la luz del día—

en los estómagos de las niñas

apaño dieciocho

Paula y sus compañeras

escupen en el váter

todos los jueves

también se desclavan las horquillas

del cuero cabelludo

y se sueltan el moño

a ver si sin horquillas y sin saliva

sus cuerpos son lo suficientemente ligeros

—huesitos sin carne, cáscaras huecas, muñecas de papel—

como para evitar los puñales

que salen directos de la boca de su entrenador

y se clavan en cada esquina

de sus cuerpos infantiles

que ya, de pura costumbre,

apenas sangran

los jueves no se come

porque es mejor entrenar

con un agujero en el estómago

y con el miedo a caerse de las barras

incrustado en el pecho

que ser humillada públicamente

si la báscula marca diez gramos más

que el jueves de la semana pasada

grito, bofetada, insulto

restricción, anemia, purga

lesión, hipervigilancia, inanición

—o lo que es lo mismo:

siete cuerpitos con el cansancio

y el terror cosidos en las costillas,

con los tobillos de cristal

y los estómagos moribundos—

Paula y sus compañeras

crecen aprendiendo a controlar

el espacio que ocupan sus cuerpos

en un intento desesperado

de evitar la violencia

que un adulto ejerce contra ellas

y llegan a la adultez

con las bocas secas y las rodillas peladas

de tanto escupir

todos y cada uno de sus jueves adolescentes

apaño diecinueve

las mujeres de mi familia

me han dejado en herencia

un vientre plano

un vientre

que más que barriga

parece incluso una cuchara boca arriba

un cuenquito, la cáscara de una nuez

un sumidero

porque la misma fuerza

con la que desaparece el agua

por la pila

al quitar el tapón

es la que mantiene mi ombligo

plegado sobre mi centro

los abdominales bien apretados

y la tripa siempre bien metida para dentro:

este es el secreto de mi estirpe

que resiste al tiempo

y lo navega

de boca a oreja

de madre a hija

uniéndonos a todas

por el ombligo

como recuerdo

del cordón

que un día

nos mantuvo vivas,

y es que lo mismo pretende

este conjuro oscuro

que me fue entregado

al ser nombrada niña

un vientre sumidero

que me vuelva

fruto deseado

para la boca ajena:

esa es mi herencia

apaño veinte

arreglar.

verbo transitivo

acicalar, engalanar

usado también como pronominal

mi madre *se arregla* el pelo al salir de la ducha

mis amigas *se arreglan* porque tienen una cita

me arreglo cuando me pinto los ojos

cuando decoro mi cuerpo

cuando lo visto con ropa

cuyas costuras me dejan la piel marcada

cuando lo adecúo a los mandatos

y lo encajo entre alambres

—con firmeza, con dolor—

aunque no me respire la carne

aunque me sangren las yemas de los dedos

el lenguaje es la primera trampa

—el primer apaño—

para esconder la violencia y teñirla de amabilidad

arreglar y *cuidar* nunca fueron sinónimos

pero han crecido en nuestras cabezas

como verbos hermanos

sin embargo,

el primero supone vivir con el cuerpo atravesado

por la mirada masculina

—con firmeza, con dolor—

y el segundo implica desalojar al hombre

que a todas nos vigila

y que, sentado en nuestros estómagos,

clava sus uñas en nuestras tripas

inundándonos el cuerpo de asco

cuando nos acariciamos el rostro

y permitimos que el disfrute

marchite el anhelo de belleza

acariciémonos enteras

hasta que el placer

ahogue a ese hombre

—con firmeza, con dolor—

pues su muerte arreglará

el único elemento susceptible

de corrección en nuestros cuerpos:

su presencia

apaño veintiuno

a los trece pedí que me embadurnaran

las piernas de cera caliente

apreté los dientes

y aguanté

el calor y el dolor de la siega

a cambio de recibir unas extremidades yermas

como las de todas mis amigas

a los quince empecé a radiarme

las piernas las ingles las axilas la barriga

o lo que es lo mismo

a provocarme voluntariamente ataques de alergia

en nombre de la feminidad

para presumir hay que sufrir, niña

las mujeres adultas de mi entorno

me limpiaban las lágrimas

y me llevaban de la mano

hasta el borde de la camilla

porque entendían el dolor

como un trámite necesario

para asomarse a la adultez

con el cuerpo preparado

—ahora sé que para el consumo ajeno—

entender el vello como incompatible

con la feminidad

como un error a subsanar

como una plaga a exterminar

es una manera (más)

de mantenernos ocupadas

mutilando nuestros cuerpos

mientras ellos salivan

esperando devorarlos

una vez luzcan nuevamente

lampiños e infantiles

apaño veintidós

a María cuando menstrúa

se le escapan por la vagina

las ganas de estar viva

porque aunque la sangre

abandona su cuerpo

el dolor le trepa por el útero

abraza su espalda

ahoga su estómago

y golpea su cabeza

María acude a urgencias

porque el dolor que habita su cuerpo

la obliga a hacerse una bolita pequeña sobre el colchón

le llena la garganta de llanto

le corta el apetito

y hasta la hace desplomarse

sobre el suelo frío del baño

María acude a urgencias

porque el dolor le impide la vida

una semana al mes

todos los meses

desde los once años

aquí no se ve nada

y María vuelve a casa

con el dolor uterino intacto

y con la desesperación agarrada a la nuca

María aprende a poner la vida en pausa

a calentarse la barriga

a enterrarse en la cama

a combinar analgésicos cada seis horas

y a no quejarse mucho

de ese dolor tan invisible como insostenible

una semana al mes

todos los meses

desde los once años

María está inundada de dolor

y achica sus oleadas

haciendo un cuenquito

con las palmas de las manos

pero el dolor no da tregua

y las negligencias médicas

le llenan la pelvis de agujeros

y por más que María los tapa con los dedos

el dolor siempre encuentra el camino

hasta el centro de su útero

el sistema capitalista

no entiende de dolores menstruales

y el sistema médico tarda cinco años

en ofrecerle un diagnóstico, una tirita

una ventanita por la que entra apenas

un rayito tenue de sol

una bomba con la que achicar el dolor

y María, como tantas otras,

vive cinco años sabiendo que algo

crece dentro de su cuerpo

que algo le trepa por los ovarios

y le clava los dedos en el centro del cuerpo

pero ese algo, sin nombre,

es solo su cabeza femenina

siendo demasiado débil

no aguantando lo que su cuerpo

está preparado para aguantar

porque ese dolor

ya se pasará cuando seas madre

el sistema capitalista

no entiende de dolores menstruales

de cuerpos que sangran

de endometrios díscolos

y el sistema médico

—bajo su sombra—

nos prefiere locas, histéricas o psiquiatrizadas

mientras seamos capaces de seguir produciendo

capital o descendencia

para seguir nutriendo

las raíces de un sistema

experto en torturar nuestros cuerpos

y en hacernos creer que el dolor

debe estar presente

todos y cada uno de los días de nuestra vida

apaño veintitrés

¡qué guapa está la niña!

qué linda su cinturita de avispa

su talle estrecho, sus mejillas vacías

¡qué guapa estás, niña!

estás más guapa sin esa redondez

que te crecía en las carnes hace meses

y la niña sonríe, asiente, disfruta

de saberse admirada

de ponerse de perfil y ser traslúcida

más fina que la aguja

con la que han bordado

su vestido blanco

y la niña baila, saluda, besa, desfila,

pero la niña no come

más que las miguitas

que deja el que ahora es su marido

y se alimenta como un pajarito

porque así es como ha conseguido

encajar sus huesos

sus caderas, su pecho

en el vestido hecho a medida

para el *díamásfelizdesuvida*

la niña hace una semana

que apenas se lleva la cuchara a los labios

hace dos semanas

no probó bocado en el cumpleaños de su abuela

hace tres semanas

abandonó el desayuno

(el placer, el disfrute, el gozo)

hace cuatro semanas

que ejercita su cuerpo a diario

hace cinco semanas

que lo somete al veredicto de la cinta métrica

de la báscula y del espejo

hace seis meses

que no menstrúa

la niña tiene treinta y dos años

y lleva los mismos soñando

con el día de su boda

con estar a la altura

con lucir bella

con coser la delgadez a su carne

como si esta fuera un prerrequisito

para ser merecedora de amor

pero ay

¡qué guapa está la niña!

qué linda su cinturita de avispa

su talle estrecho, sus mejillas vacías

¡qué guapa estás, niña!

tan pequeñita, tan bonita, tan delgadita,

tan de blanco, tan de novia,

tan muertita en vida

apaño veinticuatro

las mujeres solo tenemos permiso

para tener barriga

cuando nos crece un bebé dentro

—cuando nuestro cuerpo no es solo nuestro—

la licencia dura apenas nueve meses:

lo justito para que no nos acostumbremos

a vivir sin los cuerpos fiscalizados

a los pocos días de haber

sostenido un nacimiento

de haber recibido una vida

tan limpia tan nueva tan suave

tan minúscula como un botón

—una vez cumplida nuestra función reproductiva

como vasijas perpetuadoras de la especie—

se nos impone volver a ser de nuevo

objetos puramente estéticos

y garantes del placer masculino

la recuperación posparto

—un tarro de miel amarga,

un árbol muerto, un zapato estrecho—

forma parte del disciplinamiento

al que están sometidos nuestros cuerpos

y nos exige eliminar

—rápido, muy rápido,

como si nada hubiera sucedido—

cualquier ápice de desobediencia

de nuestro abdomen

pechos, culos y caderas

los cuerpos de las madres

que son refugio, alimento, cuna,

que son reflejo de identidades nuevas

de nuevas necesidades

han de ser también devueltos

a los estrechos cauces

de los mandatos estéticos

ojalá las madres

no necesitaran

–interpeladas por las lógicas capitalistas y gordófobas

que nos quieren consumibles

a la par que crónicamente insatisfechas–

borrar con urgencia todo rastro

del que ha sido durante nueve meses

el hogar de sus criaturas

ojalá las madres

que cuidan y sostienen vidas diminutas

atravesadas por la vulnerabilidad

de saberse otras y ellas mismas

a un tiempo

pudieran concederle a sus carnes

el derecho al descanso en una cama tibia

un plato de comida caliente

una ducha cálida

una mirada tierna

ojalá las madres

—eternas apañadas—

parieran junto a sus criaturas

el derecho a la tregua

apaño veinticinco

a mi tía le duelen las rodillas

a mi tía le han nacido

células nuevas e innecesarias

en la cúspide de la tibia izquierda

pero a mi tía el médico

no le mira las rodillas

porque mi tía

está gorda

a mi tía el médico no le mira las rodillas

pero sí la mira de arriba abajo

y, antes de que ella le señale

el bultito que palpita

en el hueco de su corva

y que parece irse tragando

su capacidad de conciliar el sueño

a medida que crece,

él ya ha introducido la mano

en el cajón de su escritorio

y despliega ante ella

el remedio a todos sus males:

piña y pollo

y mucho ejercicio, añade

ahora mi tía tiene miedo a comer

y todo lo que ella adelgaza

engorda el bulto de su rodilla izquierda

por mucho que repita entre sollozos:

pero si lo estoy haciendo bien, ¿verdad?

ahora mi tía tiene un tumor de cinco centímetros

en la rodilla izquierda

que le impide caminar

y no sabe comer

sin que le estalle el pecho

ni le falte el aire

pero no existe negligencia médica

porque la culpa de estar gorda

es solo suya

no se preocupe, doctor

que ya se las apaña ella

para mantener su expediente

inmaculado

de los apaños del cuidado

apañar

De *paño*.

    1.   tr. Remendar o componer lo que está roto.

apaño veintiséis

cuatro cuerpos sentados a la mesa

cuatro platos vacíos

en el centro una fuente con tres cachopos

no pasa nada, yo me quedo sin, que vosotros tenéis más hambre

y mi madre llena su barriga de sobras rancias

para que el resto nos saciemos

con los alimentos que han nacido

–frescos y tiernos–

de sus manos

abnegación, generosidad y delgadez:

los tres atributos de la madre perfecta

apaño veintisiete

Irene me dice:

las mujeres mayores de mi familia materna

no pudieron tener educación universitaria

y creo que siempre lo han llevado con una cierta...

¿vergüenza?

no conozco a las mujeres de Irene,

pero sí a mis abuelas, a sus hermanas

a sus amigas, a sus primas

a muchas otras mujeres

que tampoco gozaron del privilegio

de sentar sus cuerpos en un aula

más allá de la infancia

de sumar con los dedos

de escribir puñados de letras

de nombrar los ríos y memorizar los reyes

Irene ha crecido rodeada de mujeres

que agachan la cabeza

y se reconocen torpes

porque quizás hay cosas que no entienden

—yo esto no lo puedo saber porque no fui a la universidad—

en lo que ellas quizás no han reparado

es en toda la sabiduría que sí atesoran sus cuerpos:

capaces de remendar aquello que está roto

de otorgarle una segunda vida

capaces de cocinar guisos que huelen a casa

y que calientan hasta los cuerpos más tristes y cansados

capaces de escuchar, de curar heridas con los dedos

y de ofrecer un regazo siempre tibio

es en sus cuerpos donde nace el cuidado

donde se vertebran las familias

donde se cimientan las casas

donde brota el alimento

y es que ojalá hubieran podido

—como Irene y como yo—

acceder también a estudiar

aquello que se les antojase

ojalá hubieran podido

—como Irene y como yo—

escribir sus ideas, sentirlas legítimas

para ser pronunciadas más allá

de las paredes de sus casas

hay toda una generación de mujeres

que ha sido abogada al cuidado

a la que no se le ha permitido

crecer en otras direcciones

y detrás venimos las que,

conscientes de nuestro privilegio,

no queremos que la vergüenza

invisibilice sus manos ásperas

de tanto sostener un hogar

ni que borre su legado de ternura

de amor de trabajo de red de cuidado

porque gracias a que a ellas no les quedó otra

podemos nosotras ahora

reivindicar el cuidado como un derecho

exigir que su carga sea compartida

alejarnos de espacios yermos de afecto

Irene dice:

siempre he pensado que son unas mujeres brillantes

se sacaron constantemente las castañas del fuego

y sacaron adelante una familia

vaya, que fueron unas apañadas

sirva esto como una oda

a todas esas mujeres

que con sus propias manos

hicieron de cuatro paredes y un tejado

una casa

una casa en la que nunca faltó el cuidado

a pesar de que ellas recibieran a cambio

la herencia de la vergüenza

apaño veintiocho

Marta apenas duerme por las noches

a pesar de tener el cansancio

acumulado hasta debajo de las uñas

Marta se acuesta por las noches

pero su cabeza no descansa

acostumbrada a ser agenda

las veinticuatro horas del día

Marta cierra los ojos sobre la almohada

y se duerme acunada por su propia voz

que comienza a susurrarle

todas las tareas –propias y ajenas–

de las que ha de encargarse

cuando la oscuridad remita

Marta se levanta

con un bolígrafo en la mano

y pasea por su casa

cubriendo silenciosamente

las paredes de recordatorios:

cambiar las sábanas (las limpias están en el armario del pasillo)

lavar en frío (la lavadora está programada, solo tienes que cerrarla)

regar las plantas del balcón (solo las de la maceta grande)

tienes médico a las 16:00 (pregúntale por la medicación)

comprar leche y fruta (solo si puedes cuando vuelvas del médico)

Marta no quiere ser madre

pero se descubre a sí misma

maternando a un hombre adulto

con el que convive y se relaciona

sexoafectivamente

al hombre-hijo se le llena

la cara de queja y hastío

ante el cansancio de Marta

ante su poco interés en besarlo

ante su falta de romanticismo

Marta promete esforzarse (más)

en ser buena novia, buena compañía

y lee libros sobre falta de libido

sobre esa desidia que tiene asentada

en el centro de la pelvis

lo que nadie le dice a Marta

es que con el cansancio bajo las uñas

y la espalda agarrotada

de hacer malabarismos

para sostener un hogar

es imposible que se le encienda

la pelvis, la cara o la raíz del pelo

al contacto con quien está evitando

ser muro de carga en su propia casa

¿cómo se desea a un hombre

que únicamente se muestra adulto

para meterse desnudo en tu cama?

a Marta nadie le ha contado

que no hay nada más atractivo

que la seguridad de un hogar

que no se derrumba, que no se cae a trozos

cuando una ejerce su derecho al descanso

apaño veintinueve

Margarita casi nunca lleva ropa de su talla

la lleva grande o la lleva pequeña

sus manos a veces

apenas se asoman por las mangas

otras, su barriga debe encogerse

para que los botones cierren

Margarita hereda la ropa

que otras ya no quieren

pero que ella abraza con ternura

—mira qué bonita la chaqueta que me ha dado tu mamá—

y con el agradecimiento

prendido en la mirada

Margarita trabaja lejos de su casa

desde hace treinta años

y nada de lo que tiene es suyo:

las paredes de su habitación no se ven

porque las tapan las maletas

en las que ella guarda

todo lo que gana

para mandárselo a su familia

al otro lado del Atlántico

Margarita remienda sus calcetines

diez o quince veces

—un par de puntadas y estupendos—

y compra pares nuevos

para que los estrenen sus sobrinos

y los compra un par de tallas grandes

porque no sabe

cuándo el trabajo

le permitirá ir a verlos

Margarita le ha construido una casa nueva

a su hermana en Cuzco

—para que tenga algo suyo—

y nunca se va de vacaciones:

solo va a ver el mar

cuando en verano

cuida de un matrimonio mayor

que tiene una casa frente al Mediterráneo

la madre de Margarita

la llama todas las semanas

para llorarle y rogarle que vuelva:

la acusa de abandonarla, de dejarla sola

—cuando junte un poquito más de plata

vuelvo y ya no me regreso, mamá—

eso le promete desde hace treinta años

pero Margarita nunca va a volver a Perú

porque entonces su familia

dejaría de tener calcetines y casas nuevas

y porque a ella se le partiría el corazón

de verlos remendar su ropa

diez o quince veces

apaño treinta

Beatriz tiene once años y unas manos que doblan sábanas,

el recetario de su abuela lo tiene bordado

en la cara interna de los párpados

así que guisa lentejas, hace cocido y reboza croquetas

con los ojos cerrados

Beatriz tiene once años

y conoce la diferencia entre prelavado, lavado y centrifugado

desde los ocho

Beatriz tiene dos hermanos mayores de quince y dieciséis

para los que lava, cocina y limpia

cuando sus padres no están en casa

Beatriz no sale a jugar a la calle los domingos

porque debe disimular

el desorden de los dos adolescentes

a los que materna

durante las ausencias de sus padres

anda, Bea, vamos a jugar

a la comba, a papás y a mamás, a las películas...

pero Bea ya tiene su propio juego de *mamás y papás* en casa

y nunca se pregunta por qué siempre son sus hermanos los
que ensucian

y ella la que ordena-recoge-coloca-acomoda

solo sonríe orgullosa cuando su madre dice ante las visitas:

es la más ordenada de los tres, toda una mujercita

Beatriz tiene once años

y pide perdón si se le tuestan levemente las croquetas

perdón perdón perdón

si sus hermanos han dejado el baño sucio

y sumerge las manitas en amoniaco

y se le amontonan los cuidados en la espalda

Beatriz nunca ha podido ser solo-Bea-de-once-años

porque ha asumido el cuidado

como columna vertebral de su valía

y tiene sembrada en el esternón

la culpa

los días que se sienta a leer al sol

porque *pobrecitos* sus hermanos

que *no saben* lavar, tender, guisar, limpiar, fregar, coser,
barrer...

Beatriz es una niña con un cesto de labores en los hombros

y la genealogía del cuidado bien heredada

y sus hermanos son dos niños con espaldas limpias

y las manos dispuestas para el juego

apaño treinta y uno

sentada en la arena observo

un grupo de padres y madres jóvenes

con varias criaturas a su cargo

observo cómo ellas

no descansan apenas:

siempre un ojo, una mano,

una parte de sus cuerpos

queda atenta a los juegos infantiles

al hambre, a las olas, a la sed,

a las conchas afiladas de la orilla,

a la vida que crece

observo cómo ellos se bañan en el mar,

se alejan para fumar entre risas,

se hacen fotos, nadan, toman el sol

observo cómo entre ellas se sostienen:

unas recogen, otras cambian pañales

otras vigilan, otras visten cuerpitos

los embadurnan de crema

los llenan de besos salados

observo cómo ellos, de intervenir,

piden instrucciones, una mano

que guíe, un camino a seguir,

incapaces de cambiar un pañal solos

pues no saben localizar los limpios

entre la decena de bolsas

que yacen repartidas por la arena

observo cómo hasta la ropa seca

de los padres inexpertos

ha sido preparada por ellas

—te he traído la camiseta verde

que tanto te gusta, mi amor—

si me fijo aún más,

observo cómo ellas

—madres trabajadoras—

llegan a casa y cambian

las agendas por cuentos infantiles

las reuniones laborales por tutorías

los proyectos por biberones y termómetros

los ordenadores por lavadoras acumuladas

observo cómo ellos

al cruzar el umbral del hogar familiar

se despojan de responsabilidades

hasta la mañana siguiente

y hacen del sofá su trinchera

observo cómo a ellas

se les llenan las manos

de una frustración pegajosa

por no llegar a todo

por no estar eternamente disponibles

por no ser las madres

y las mujeres que les gustaría ser

—o las que les han dicho que deben ser—

observo cómo ellos

se acomodan en el privilegio

de ser quienes hacen reír

quienes son permisivos con los horarios

quienes no obligan, no castigan, no se enfadan

pues han delegado la carga

de la crianza en las madres de sus hijes

si vuelvo a la arena

observo cómo ellas

solamente descansan en la playa

de una de sus dos jornadas laborales

y se me llena el pecho de rabia

porque observo claramente cómo

los cuerpos de ellas maternan

mientras los cuerpos de ellos encarnan el ocio

apaño treinta y dos

qué generosa, elenita

elenita siempre comparte

cuando era pequeña

compartía mi merienda

porque mi hermano no lo hacía

y regalaba mis ganchitos

a cambio de sonrisas adultas

y así se fue tejiendo en mi cabeza infantil

la alianza entre generosidad y feminidad

y el deseo de ser *lamásbuena*

lamásdulce lamáscomprensiva

lamásempática quedó perenne

en cada esquina de mi cuerpo

las mismas sonrisas obtenidas

en agradecimiento a mis ganchitos

le fueron entregadas a mi hermano

cada vez que afirmó su propiedad privada

que eligió su satisfacción

que aprendió a defender su espacio

a reclamar nuevos territorios de conquista

a demandar cuidados

a ejercer su masculinidad, en definitiva

recuerdo ceder

la cama junto a la ventana

el trozo de bizcocho más jugoso

la habitación más luminosa y amplia

el sitio en la mesa

la elección de las películas

el plato de pasta más abundante

la toalla de la ducha

recuerdo compartir

mi comida

una vez él había terminado la suya

mi mesa de estudio

aun teniendo él una propia

recuerdo renunciar

al turno de palabra

a la victoria en un partido de tenis

al hueco en el sofá

al tiempo de descanso

a heredar la chaqueta de mi abuelo

y recuerdo cómo cada vez

antes de verme desbordada de generosidad

me trepaba una arañita por la nuca

y me susurraba

cede tú, sé buena

a ti no te hace tanta falta

no permitas que el egoísmo

te roce las muñecas

lava tus manos

y entrégalas

dedito a dedito

al cuidado de otros

y es que los hilos de esa arañita

fueron siempre alimentados

por todos aquellos adultos

que recompensaron mi generosidad

—anda, elenita, qué te cuesta,

ya sabes cómo es tu hermano—

aun cuando esta suponía

una renuncia a ocupar espacios

a cubrir mis necesidades

a levantar la voz

a cuidar de mí misma

qué generosa, elenita

porque elenita siempre comparte

siempre cede, siempre permite

siempre renuncia

elenita ha asumido que el cuidado de otros

siempre va por delante del propio

si no desea ser tachada

de mala hermana

mala hija

mala persona

dos niños bajo un mismo techo

dos aprendizajes opuestos

doble vara de medir

y la subordinación del cuidado de la una hacia el otro

bien arraigada en la adultez

apaño treinta y tres

el teléfono ya no suena

en casa de Consuelo,

la puerta ya no deja entrar

aire fresquito

y a Consuelo la soledad

y el cáncer le queman el pecho

hace cuatro meses

que Consuelo sabe

que perderá un pecho

a cambio de salvar su vida

menuda faena me has hecho

y en cinco palabras

su marido hace brotar

la culpa

—como leche turbia—

de su pecho sano

te subo la comida

dice María

te cambio las sábanas

dice Lola

te friego el baño

dice Concha

te queremos mucho

dicen todas

–un soplo de aire fresquito

y una gota de leche clara–

yo no quiero la casa llena de gente todo el día

dice él

te creerás que el teléfono no cuesta dinero

añade

–mueren la brisa y la leche limpia–

145

y Consuelo cocina, limpia y friega

sola

y se abanica el pecho

mientras mira el teléfono

que ha aprendido

–por indicación suya–

a permanecer silencioso;

lo mismo que la puerta,

que ya nunca deja entrar el viento

que traía consigo

las voces de sus amigas

–y sus cuidados–,

no vaya a ser

que interrumpan

la siesta de su marido

–un ronquido plácido

en la habitación contigua,

y el aire ardiente

le vuelve a hacer brotar

leche turbia de ambos pechos,

que lloran silenciosamente–

ni siquiera la enfermedad

nos garantiza el derecho

a ser, por una vez,

cuidadas y no cuidadoras

apaño treinta y cuatro

mi abuela en una cama de hospital

mi madre y sus cuatro hermanas

encajan sus cuerpos

en el sofá-cama

—que se parece tanto a una cama como

la parrilla de la chimenea—

y se dan el relevo por las mañanas

mojando las ojeras

en la espuma del café

mi único tío no encuentra la noche idónea

para que se le claven

a él también

los muelles del sofá en la espalda

y los quejidos nocturnos

de los enfermos y sus familias

en los oídos

no entiendo por qué *cuidados*

es un nombre masculino

si nada tiene que ver

con quienes enarbolan

la bandera de la masculinidad

las que cuidan, las que se ocupan

las que se mudan

las que renuncian al sueño

—y a lo que sueñan—

las que no atienden sus dolencias

las que se dejan las manos

las que se resignan

siempre son *ellas*

pronombre personal

3ª persona del plural

femenino

apaño treinta y cinco

tengo el perdón todo el día

en la punta de la lengua

dispuesto a tomar cuerpo

a hacerse carne, palabra y reparación

tengo los brazos educados

para arañarme la espalda

siempre que no llego a lo que se espera de mí

y las uñas afiladas para cincelarme

–letra a letra–

el perdón en las costillas

ando por la calle y me cruzo

con otras que –como yo–

tienen la disculpa bordada

en el centro del pecho

perdón por haber levantado la voz

–aunque ellos lo tengan por costumbre–

perdón por anteponer mi descanso

al cuidado del hogar compartido

perdón por haber tostado de más el pan

por que se me pase el punto del arroz

perdón por no anticiparme a los deseos de otros

por no permitir que dispongan

de mi tiempo a su merced

perdón por no callarme

por estar aprendiendo a señalar lo injusto

perdón por el enfado que me brota

de la boca del estómago

ante las desigualdades estructurales

fruto de una socialización que me ha enseñado

a limitar el espacio que ocupo

–literal y figuradamente–

a cuidar por encima de mis posibilidades

a responsabilizarme en exceso

a priorizar las necesidades del resto

a nunca decir que no

ahora siempre llevo

una esponja tibia en la mano

cuando veo a mis amigas

para lavarles con ternura

las letras de las costillas

y dejo después que me enjuaguen

ellas a mí los labios y el pecho

y juntas cicatrizamos

el legado de la disculpa

y del castigo autoinfligido

y prometemos no pasar el testigo

a las que vengan tras nuestros pasos

hay tantos apaños como mujeres

esta lista no acaba nunca

les pregunto a mis amigas:

¿y tú qué apaños haces?

y me duelen las manos

y la boca del estómago

de ver que somos todas

las que apañamos nuestras circunstancias

para sobrevivir a ellas

la segunda acepción de apaño es:

m. coloq. Compostura, reparo o remiendo hecho en alguna
cosa.

y el ejemplo que la acompaña dice así:

Está estropeado, pero te haré un apaño para que funcione.

y ese es el problema

apaño enésimo:

el sistema está estropeado

y nosotras hacemos apaños

–renunciamos, sobrevivimos, malvivimos–

para que no se note que no funciona

el sistema está estropeado

pero funciona a costa de nuestro derecho a una vida digna

el sistema está estropeado

pero no importa

porque nosotras somos todas muy apañadas

Agradecimientos

Abro la boca y se me amontona el agradecimiento en la garganta: no me caben los gracias entre los labios. Este es un ejercicio de permitir que se desborden, de ordenarlos, de nombrar a quien me acompaña, me cuida y me sostiene.

Gracias a mis amigas, en general, por ser fuente inagotable de amor, de alegría, de ternura, de compromiso, de rabia compartida; por ser manos siempre abiertas y pechos cálidos en los que esconder la cabeza cuando tengo miedo. Gracias por vuestra ilusión y celebración constante de este poemario.

Gracias, Marta, Claudia, Ana y Cris, que siempre queréis leerme. Gracias, Ana y Susi, por ser mis maestras del discurso y del cuerpo, vosotras habéis posibilitado que yo ponga la palabra. Gracias, Carmen, por sembrar la semilla de este libro, por sacar mis palabras del cuaderno, por tu sostén. Gracias, María, por ser siempre fiel compañera. Gracias, Laura, por el cuidado desde cerca y desde lejos. Gracias, Daniela, Aingeru, Álvaro y Saúl, por ser casa, risa, refugio y futuro. Gracias, Aran y Conchi, por llenar la sangre de significado, de cuidado. Gracias, Jimena, por ser la hermana que siempre quise. Gracias, Isra, por tu mirada al escuchar cada palabra, por tu fe ciega, por tu amor y tu ternura.

Gracias a mi abuelo por regalarme libros y recibirme con poemas cada vez que llamaba a tu puerta. Gracias a mi abuela por –sin tu saberlo– hacer huelga de cuidados, pero no abandonar jamás el agradecimiento y la ternura. Gracias a mi Feli por tener siempre un abrazo, un plato de comida, una historia, una carcajada y una mano para mí; gracias por tu herencia de remiendos, flores y alimento.

Gracias infinitas a todas las mujeres que han compartido conmigo sus historias. Gracias por depositar en mis manos vuestros apaños con tantísima generosidad. Gracias por cambiar el relato juntas, por nombrar lo violento, por exigir reparación.

Gracias a todas las autoras de ediciones en el mar que me han hecho sentir como en casa desde el minuto uno: Alba, Gema, Nerea, Noelia, Miriam, Diana y Paula. Qué suerte compartir hogar con mujeres tan lúcidas, sensibles y posicionadas.

Y gracias a Lara, cuyo acompañamiento en el proceso de escritura se ha sentido como una charla rabiosa con amigas; como una mano en mi hombro que acompaña, pero no impone; como una tarde cocinando lento con mi abuela Feli; como un traguito de agua fresca que me demuestra que las cosas pueden hacerse con cuidado y disfrute. Gracias, querida, por la confianza desde el primer momento, por regalarme esta oportunidad, por hacerlo fácil, por acompañarme y cuidarme en cada paso, por priorizar lo humano. Gracias también a la madre de Lara, que se emocionó con *las apañadas* cuando todavía eran apenas un puñadito de poemas.

Gracias, por último, a todas las que me leéis, ojalá hayáis encontrado entre estas páginas un poquito de tregua y un lugar donde resguardaros.

Índice